ESCRIBE TU PROPIO LIBRO

ALEXANDER L. SAMANIEGO

CONTENIDO

INTRODUCCIÓN

He escrito ya algunos libros, y últimamente he seguido una serie de pasos. Esos pasos yo anotaba en una lista, y los miraba e iba tildando una vez que los llevaba a cabo en la creación de la obra que había planeado. Con cada libro que escribía, seguía los mismos pasos; pero esos pasos no siempre fueron los mismos, sino que evolucionaron hasta quedar hasta lo que son hoy día.

La lista de pasos era mi guía, y siempre al terminar el libro que estaba escribiendo, volvía a revisar dicha lista, para saber si no me salté sin querer algunos de los pasos. Y, ciertamente, cuando en el pasado no me organizaba con lista alguna, siempre cometía el error de saltear algún procedimiento, por lo que fue de sumo menester crear la lista de la que hablo.

Pasando el tiempo, me di cuenta de que, para una persona que viera mi lista, no entendería por sí misma algunos pasos, a menos que recibiese una breve explicación de cada punto. Entonces pensé: ¿y si una persona se propusiera escribir su propio libro, y quisiese usar mis pasos para ayudarse? He aquí, pues, que en esta breve obra presento y explico dichos pasos, los pasos que yo mismo utilizo para escribir un libro.

1. POR QUÉ ESCRIBIR

Escribir es crear, es expresarse, es mostrar su propio interior al mundo. El que nos lee, ve nuestro interior, ve el interior que nosotros dejamos que vea, o ve el aspecto de nuestro interior que sin querer dejamos que se conozca. Así que, ¡cuidado! Si escribes, se te conocerá la mente. ¿Qué deseas mostrar realmente? ¿Fantasía, deseos de aventura, magia, estrategia, historia, ayuda, conocimiento, pasión, terror, intrigas? ¿Tus temores, tus defectos, tus anhelos? Está en tus propias manos decidir qué vas a mostrar a la humanidad.

Pero escribir es una cosa apasionante. Escribir es el proceso en donde podemos descargarnos, explayarnos, enseñar, y hasta aprender. ¿Aprender? Sí, podemos aprender de lo que escribimos. Un caso es crear una historia, y con ella personajes que toman decisiones. Mientras la historia transcurre, nos damos cuenta que los personajes con sus personalidades y posibles decisiones a tomar, moldean la obra. Y aprendemos de las situaciones que se van presentando solas, cual si fueran experiencias vividas en otras eras por nosotros mismos.

Escribir es como una autoiniciación, en donde nos desarrollamos con cada obra, con cada capítulo a modo de escalón. En ciertos géneros investigamos para poder explicar algo, en especial si la obra es didáctica o de autoayuda, o si queremos demostrar una teoría que tenemos. Aprendes investigando, aprendes desarrollando, aprendes durante la experiencia de plasmar tu mente en letras. Aunque cueste creerlo, aprendes incluso de ti mismo...

El que tiene mucho, posee la posibilidad de dar. En la literatura, al menos, no tiene sentido saber tanto o estar lleno de imaginación, y no compartir eso con los demás. El que tiene mucho en la mente, debe hallar la forma de expresarse sin que esto implique ofensa hacia los demás. Lo que compartamos puede servir de aprendizaje para otros, o de pasatiempo, o de entretenimiento, dependiendo del tipo de obra que estamos llevando a cabo. No es obligatorio compartir nuestro interior, pero si tenemos algo que pueda servir a otros, que sea edificante, no dudemos en manifestarlo, no dudemos en concederlo. Es mucho más grande el que da, que el que recibe (y para evitar dilemas, con esto no me refiero a todo el abanico de posibilidades que implica el dar y recibir, sino sola y específicamente al conocimiento).

Además, escribir es realmente un gran placer mental. Y si tenemos éxito, a la larga nos dará un beneficio material, aunque esto más bien es una consecuencia que depende de muchos factores, y, para un verdadero escritor, no debe ser su objetivo último. El que escribe, debe escribir realmente por el gusto de hacerlo, con sinceridad, por el deseo de transmitir lo que tiene dentro, o por querer ayudar.

Conozco escritores que escriben sólo por el posible beneficio monetario, y realmente ni a ellos mismos les importa lo que están escribiendo, o hasta ni les gusta. Esto es una gran estupidez, desde mi punto de vista personal. Este tipo de gente crea mecánicamente su obra, basándose en lo que tal vez la gente busca, y no lo hace realmente porque lo quiere hacer. Escriben calculando las ventas, y no escriben por el placer de hacerlo o ayudar a otros. Con esto sé que tendré detractores, pero es la realidad. Es diferente el que pinta cuadros por el placer de hacerlos, que el que pinta mecánicamente sólo para vender.

Ahora, pregunto a mis lectores, cuál de ambos artistas será superior: ¿el que hace por el placer de hacerlo, o el que hace mecánicamente sólo para lograr ventas? La respuesta la dejo al raciocinio de mis lectores, pero no sin antes dejar mi opinión personal al respecto: la obra, sea del tipo que sea, que se hace de manera mecánica o comercial, siempre será inferior a una obra hecha por el amor al arte mismo, salida de lo más hondo del alma.

El artista mecánico o comercial es estratégico, y hasta adquiere técnicas de los verdaderos artistas para que sus obras sean contadas entre las obras genuinas. Por su parte, el artista natural, aunque no posea las técnicas de otros, puede crear su propia técnica, o con pocas técnicas llegar a realizar cosas magnánimas. Y ni hablar de la originalidad. El artista comercial, en el peor de los casos, es capaz de emular obras fidedignas o hasta plagiar; pero el artista natural puede crear de sí, no teniendo la necesidad de copiar o robar a otros.

Y, teniendo en cuenta al estratégico escritor mecánico, ¿es necesario estar licenciado en letras para escribir un libro y con ello poder ser "oficialmente" considerado escritor? ¿Es necesario realmente estudiar filosofía para expresar nuestros pensamientos en texto? ¿Acaso debemos ser profesionales en lengua para saber qué palabras usar con las ideas que tenemos dentro? Y, por último, ¿debo tener un título académico que avale las palabras que digo, sean de carácter ficticio o empírico? La respuesta a todas estas preguntas, es un NO. Sí, un "no" rotundo.

Hay muchos profesionales, y muchos académicos, que sólo ejercen su profesión, y no escriben realmente; algunos ni siquiera ejercen en lo que están titulados... Si te gusta escribir, debes escribir todo lo que quieras, y no limitarte, ni dejar que nada ni nadie te limite.

2. LECTURAS NECESARIAS

Las lecturas son fundamentales para un escritor. Uno debe estar verdaderamente nutrido de abundantes lecturas si quiere llegar a escribir un libro. Ello no quiere decir que usará el mismo estilo de los autores que lee, ni que usará fragmentos de esas obras, ni que copiará la manera de expresarse de sus autores favoritos. Aunque eso de copiar expresiones tal vez ocurra al principio, y uno mismo hallará su propio estilo con el tiempo si siempre procura ser original.

Es inconcebible no leer, y hacerse llamar "escritor". Resulta algo llamativo, y hasta incoherente, el afirmar que uno no lee para no dejarse influenciar en su propio estilo. Lamento decir, que eso es basura. La semilla debe estar completamente nutrida para que pueda germinar, pues en general no lo hará en un lugar sin tierra, ni agua, ni aire, ni luz.

Y un solo libro que se leyó no es suficiente para estar correctamente nutrido mentalmente; y sí, me refiero a la gente que sólo lee el libro sagrado de su religión —por dar un ejemplo—, desconociendo totalmente el resto de las obras y los diferentes estilos de escritura. Uno tuvo que haber consumido bastante lectura para tener el combustible necesario que lo conlleve a la escritura en toda su magnitud, que es sinónimo de creación intelectual.

Uno no puede dar de sí, si tiene poco. ¿Cómo dar limosna, cuando uno mismo no tiene dinero para su propio alimento? ¿Cómo enseñar, cuando uno mismo no sabe? ¿Cómo conceder algo, que uno mismo no tiene? Uno realmente debe tener excedente, si desea dar.

Si tenemos dos baterías eléctricas de la misma capacidad, pero una vacía y la otra llena, y las conectamos, la llena descargará su energía a la vacía, hasta que ambas lleguen a un equilibrio, y estén iguales en carga. ¿Y cómo llenar una batería vacía? No podemos pretender cargar 12 voltios con 12 voltios, porque ocurrirá lo explicado más arriba, y se tenderá luego al equilibrio. Nuestra batería de 12 voltios deberá ser cargada con un voltaje mayor y constante, si queremos que esté llena realmente.

Debemos, pues, leer bastante, si queremos escribir como tiene que ser. Pero, ¿por qué? Bueno, por un lado, adquieres vocabulario; por otro, adquieres material que te inspire; y por otro, te abre la mente a posibilidades que hubiesen sido mejor que como el autor las planteó, en especial si se trata de algo ficticio (aunque también puede aplicarse esto a la no-ficción). Muchas veces me pasó que leí un libro, y me di cuenta que en la trama "mejor hubiese sido si…", o "el final más bien hubiese quedado mejor si…", lo cual hace que uno amplíe su raciocinio para la creación.

Aparte de que sabemos que el leer es bueno para la buena salud del cerebro, lo es también para nuestra propia manera de pensar. Leer nos presenta situaciones que tal vez no hemos calculado, y ello hace que nuestra mente tenga más opciones a la hora de decidir sobre una trama, o hasta una decisión en la vida cotidiana.

Hay que leer siempre que se pueda, sea en formato digital o en formato físico. Al principio podemos leer sólo la temática que nos atrae, pero también deberíamos leer otras temáticas, para ampliar mejor nuestra mente, para enriquecerla. Mi recomendación es leer todos los días, si se puede, a menos que estemos muy ocupados que no tengamos tiempo para ello.

Yo leo siempre que puedo en los dos formatos, pero tengo mi predilección personal: me es sumamente placentero leer la mayoría de las veces en formato físico. Sí, aunque un libro esté mucho más barato en formato digital, hago siempre lo posible por comprar el libro físico. Tocar un libro, tenerlo entre mis manos, olerlo, hojearlo, ponerlo en mi colección, releerlo si me gustó… Es una experiencia distinta y mucho más grata para mí. Tocar un libro y tenerlo de manera tangible, es más lo mío. Leer en formato digital lo hago por el disfrute de obtener el contenido de dicho libro, pero no me llena, no me satisface, y muchas veces ya me pasó que simplemente omito la lectura de cierto libro por sólo estar en formato digital. Pero hay quien gusta más del formato digital, o le da igual leer en uno u otro formato. Mas yo, amo los libros físicos, y es esto sólo un gusto personal.

No obstante, indistintamente de si te gusta uno u otro formato, no olvides que debes leer mucho, y de ser posible, diariamente. Como ya expliqué, leer sirve de alimento para adquirir vocabulario e inspiración. Y no olvidemos, que con la lectura aumenta tu conocimiento.

3. PRIMERO LA PLANEACIÓN

Siempre que se puede, se debe escribir. Muchos escriben lo primero que le viene a la cabeza, y hay veces las cosas que escriben no precisamente coinciden entre sí. Pero con el tiempo uno puede lograr hacer coincidir las partes, y crear una trama que tenga sentido. Pero si estás escribiendo sobre una investigación científica, y tu otro escrito era sobre una historia romántica, o un libro para niños, por poner un ejemplo, obvio que son cosas distintas. Para el avezado, sin embargo, mezclar las tres cosas anteriores que mencioné, es algo que puede lograrse, realmente. Pero lo ideal siempre es enfocarse en un estilo momentáneamente, o paralelamente, pero siempre de forma separada, para tener más puro uno y otro estilo.

No obstante, un día tal vez te levantas con ganas de escribir una novela de cierto tipo, por dar otro ejemplo, y, ¿por dónde empezar? Algunos escriben linealmente, empezando por el nacimiento de la trama, yendo luego al conflicto o tema central, y después haciendo que las cosas lleguen a un término atractivo o repulsivo, dependiendo del autor. Esa es la manera lineal de escribir. Mas, no todos escriben de manera lineal. Alguien puede empezar con el tema central, o bien por la parte final de la obra. Uno debe escribir por la parte que tenga inspiración en ese momento, o por el capítulo que en ese preciso instante le viene las ganas de escribir. Es la manera más efectiva de mantener pura la creatividad. Juntar luego los rompecabezas, ya es cosa sencilla.

En mi experiencia, y como expliqué recientemente, da igual por dónde se empieza a escribir. Pero, lo que más me sirvió como escritor, fue planear qué iba a escribir, antes de explayarme en algo. Sí, crear un esquema general de la trama o de la investigación, era y es sumamente importante. Muchas obras buenas empezaron por textos sueltos, que luego el autor va entrelazando y adaptando; mas planear qué es lo que se va a escribir, es como hacer un plano de un edificio... Suponiendo que tenemos todos los materiales de construcción, gracias al plano sabremos las dimensiones del edificio, y qué materiales vamos a usar y cuáles no.

Seguir un esquema de lo que vamos a escribir, será de suma importancia para el ordenamiento de capítulos. Sabremos de esta forma qué vendrá después de tal capítulo, y cómo transcurrirá la obra.

Por ejemplo, si vamos a pintar un cuadro, no tomaremos simplemente las pinturas y pinceles, y haremos lo que sea con tal de plasmar los colores. Primero nos haremos con las herramientas, los materiales, y un bosquejo previo donde empezará realmente nuestro arte.

¿Cómo aplicar esto a nuestro libro? Simplemente haz un resumen de lo que quieres escribir (a modo de bosquejo), y luego secciónalo, y con el tiempo expláyate en cada sección que hiciste y convierte en capítulos dichas secciones... Es una excelente forma de organizarse empezando de esta manera.

Pero hay también quien, en lugar de planificar, hace primero su portada. Dedica un gran tiempo al diseño de su portada, y luego hace su contenido en relación a la portada que diseñó. No niego que hay a quien le funciona esto, pero yo no lo recomiendo. La portada debe dejarse para después de terminarse el contenido, y es la portada la que debe adaptarse al contenido, no al revés.

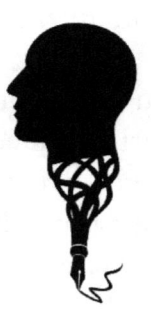

4. PROCESO DE CREACIÓN

Crear una obra literaria es la parte más difícil para algunos, en especial si no poseen inspiración que los motive, o hasta imaginación, o tiempo, en muchos de los casos. Sí, he conocido personas que les gusta leer y que siempre quisieron ser escritores; llegaron incluso a escribir, pero no lo continuaron, porque por trabajo y familia, quedaban cortos de tiempo. Muchos grandes, originales y geniales escritores potenciales, no llegaron a materializar sus dones mentales en la literatura, y nunca fueron conocidos por ello; sus anhelos de escribir quedaron relegados a la inactividad y la inconclusión, pasando su arte a ser nada. Esto es triste para mí.

La imaginación, por su parte, no es una cualidad de la mente aplicada sólo al ámbito de la ficción; también puede aplicarse a obras de no-ficción. En una persona sana, la imaginación no es sinónimo de delirio o comportamiento infantil, sino que es algo mucho más grande que eso. Desde mi experiencia, la imaginación es la "inteligencia creativa". Muchas personas poseen la inteligencia para entender lo ya creado, y, como consecuencia, sus obras son muy parecidas a las obras de los autores a los que leyeron. Esto se debe a que este tipo de personas son expertas en reconocer patrones, recordarlos, y emularlos. Ven una secuencia de sucesos, y las líneas que trazan en sus narraciones son similares a dichas secuencias en su mayor parte. Lastimosamente, este tipo de personas no son originales del todo, aunque lo tratan; son perfectamente aptas para el aprendizaje, y para el seguimiento al pie de la letra de instrucciones dadas. Muchas veces, este tipo de gente piensa que crear algo nuevo no tiene sentido, teniendo en cuenta todo lo ya creado. Dicen: "¿acaso hay algo más qué crear que ya no haya?", "todo ya está hecho, ¿acaso no se creará sólo cosas similares a las ya hechas?" Y, como es de esperarse, este tipo de gente tiende al conformismo, y posteriormente, a la inactividad en lo creativo.

Por su parte, las personas con "inteligencia creativa", no sólo pueden entender los patrones ya creados; estas personas pueden crear patrones, pese a los ya existentes. Lo que en lo hondo los motiva a pensar en algo nuevo, es el hastío de lo vigente, o la despótica necesidad de cambiar algo tedioso o incompetente. Estas mentes, inconformistas por naturaleza, quieren cambiar todo lo que, aunque funcione bien, puede hacerse de un mejor modo, o de un modo distinto.

Al principio uno no posee tanta imaginación, pero, tal como expliqué en el capítulo anterior, consumiendo más y más lectura, se despertará en nosotros, tarde o temprano, esa imaginación tan deseada. Uno debe saber qué es lo que quiere escribir, así como un niño sabe que quiere dibujar un árbol: podemos simplemente poner la línea vertical en vez del tronco, y encima un círculo que represente la copa de dicho árbol, tal como un dibujo infantil. Pero luego, una vez que ya tenemos ese esquema, debemos empezar a poner el grosor del tronco, las ramas, las raíces que se notan en el borde de la tierra, las hojas, los detalles de la corteza… Y luego las sombras, las luces, los arreglos, el entorno del árbol, y todos los detalles tanto del árbol como de su escenario. Lo mismo con el texto, ni más ni menos, pero en vez de trazos, palabras.

Crear una trama y los personajes, es muy sencillo si se parte de las vivencias reales de nuestra vida cotidiana. Una situación pequeña, podemos convertirla en una historia grande, o en una pequeña parte de la historia. Esto, al fin de cuentas, es copiar, pero al menos no es copiar a otros autores, sino copiar a nuestras propias vivencias; mas esto sólo es al principio, y sólo un recurso, pues con el tiempo uno puede crear, crear en el buen sentido de la palabra.

Un personaje, lo podemos sacar del comportamiento de personas reales que conocemos, o hasta de nuestro propio comportamiento, ¿por qué no? Una vez saqué la personalidad de un personaje, inspirándome en la forma de ser de una mascota mía... ¡Ups! Y es cierto, pues salió perfecto... Sí, lo sé, parece estúpido, pero me sirvió al principio, y mucho, cuando me era complejo crear personajes. Ahora los creo de manera espontánea, sin inspirarme en nada ni nadie real. Uno se hace más experto con la práctica, con el tiempo.

El hecho es que hay varias maneras en que uno puede escribir. Hay quien le gusta escribir en papel (para no salir de lo clásico), otros gustan escribir en máquina de escribir (para sentirse más *vintage*), otros tipean directo en la computadora, y otros les gusta grabar sus palabras en audio, o en vídeo. Cada quien con su gusto.

Al principio yo escribía a lápiz, en cuadernos, de modo a borrar las cosas que no me gustaban. Pero la cosa se complicaba cuando quería mover cierto texto a otro capítulo, a lo cual tenía que hacer marcaciones y referencias al capítulo que debían corresponder. Más adelante, pasé gradualmente a computadora mis textos, a la par que seguía escribiendo en los cuadernos. Pero llegó un momento, en que mis tipeos alcanzaron a mis manuscritos, y me dije que ya era hora de poner un "pare" a los cuadernos. Entonces, desde ese momento, escribí siempre en mi laptop.

Sin embargo, cuando no estaba con mi ordenador, y se me ocurría algo que temía olvidar, lo anotaba en mi Smartphone como texto, o como audio. Luego, cuando tenía tiempo, lo transcribía al archivo donde correspondía. Siempre es muy importante ser ordenados para no perder las ideas o hasta fragmentos de textos.

También tendía a crear en mi laptop una carpeta llamada "Comodines", que consistían en textos sueltos que se me ocurrieron en momentos de inspiración, pero que no correspondían a la obra actual que estaba llevando a cabo. Luego, cuando cierta obra ameritaba ese texto, lo agregaba y lo adaptaba al contexto. Comparando, era como crear ladrillos, baldosas, azulejos, ventanas, puertas, marcos, tejas, bigas, columnas, etc., pero de diferentes diseños, tamaños y colores pese a que la casa actual que yo estaba construyendo era de un estilo totalmente diferente; luego, utilizaba algunos de esos materiales que combinaban con casas que construía más adelante... Hacer esto ahorra mucho trabajo, porque muchos textos, algunos capítulos enteros, sirven realmente como comodines en un mazo de cartas, si sabes adaptar el texto a la trama en que vas.

Otra cosa muy importante en el proceso de creación, es ver la forma de poner pausas en los capítulos algo extensos. Cuando un capítulo no posee ninguna pausa, las personas, en su gran mayoría, tienden a aburrirse muy rápido, y hasta se desesperan por tener que leer todo el capítulo de manera forzada sin poder descansar. La lectura de un capítulo extenso es como una escalera larga, que necesita despóticamente descansos (planicies que cortan la escalera) a cada cierta altura. Una lectura sin descansos tiende a ser bastante agotadora, para la generalidad, y no deja tiempo de asimilación para la mayoría de la gente. Sin embargo, hay excepciones: gente que le encanta leer textos extensos, y que puede mantener su concentración por muy largo tiempo. Mas no todos los lectores son como estas excepciones.

Los descansos pueden consistir en una línea vacía entre dos párrafos, o hasta un subtítulo. Pero, a su vez, los descansos deben ser coherentes, pues no puede tampoco cortarse sin sentido una narración o un diálogo. El corte debe ir después de haber finalizado cierta descripción o cierto pensamiento. Pero nunca debemos cortar en el medio algo que, necesariamente, debía estar entero.

5. CORRECCIÓN OBLIGATORIA

He de confesar, que yo, amante de los libros físicos, he tirado a la basura algunos libros, o los he quemado, porque simplemente poseían errores de ortografía o gramática. Algunos los tiré por decepcionarme el contenido, aunque esa ya es otra historia... No estoy exagerando. En verdad lo hice, y lo volveré a hacer si vuelvo a gastar mi dinero o mi esfuerzo en conseguir un libro indigno de ser leído.

Si los errores son mínimos, al menos, generalmente los perdono y trato de omitir dichos errores, leyendo de todas formas el susodicho libro; y digo: "errar es humano", o "seguramente es un error de la editorial y no del autor", o "a lo mejor lo tradujeron mal". Pero cuando los errores abundan, no puedo tolerar dedicarle mi tiempo al libro, sea cual sea el origen de los errores. Lo siento.

En lo personal, el proceso de creación lo llevo a cabo de manera fluida, siempre tratando de escribir bien y corregir lo muy obvio que ya noto que está mal, pero dejando realmente para el final la revisión exhaustiva de ortografía y gramática. No confíes de pleno en el corrector ortográfico de tu programa de ofimática favorito, porque te llevarás muchas decepciones, en especial si te estás autopublicando. Lo recomendable, siempre es llevar nuestra obra a un corrector profesional, pero, como ello tiene su costo, hay sin embargo cierta manera en que puedes reducir bastante tus errores por ti mismo, si no tienes el apoyo de una editorial, claro está.

Para empezar, si estás solo como escritor, y me refiero a que no tienes el apoyo o la suerte de tener contrato con una editorial buena, debes hacer el esfuerzo de dominar tu lengua al menos un 98%. Que ese 2% que no dominas, sea sólo por falta de vocabularios al que no estás habituado, o a lenguaje meramente técnico que desconoces. Pero la gramática debes procurar dominarla siempre, como regla general. Aprende sobre gramática, interésate en las normas de tu propio idioma, lee muchos libros para tener buen manejo del léxico y la sintaxis, no dudes en buscar en el diccionario una palabra que no entiendas...

Y si por alguna razón aún tienes problemas con los signos de puntuación, una buena técnica de corrección es grabar un audiolibro para ti mismo.

Debes leer respetando los signos de puntuación, pues sólo así te darás cuenta que al leer ya no puedes respirar, y por ende notas que falta una coma, o un punto y coma, o un punto aparte. Si no quieres grabarte, léete en voz alta, y aplica lo mismo que cuando te grabarías: cuando la oración es muy larga, verás que necesitarás un tiempo de respiro para hacer una pausa, lo cual puede significar la necesidad de cierto signo de puntuación.

Mas los signos de puntuación no siempre serán sólo para poner pausas cortas, normales, o largas; también sirven para dar a entender algo. No es, pues, lo mismo decir "Luis baja" que "Luis, baja", en donde en la primera oración se está afirmando que Luis está bajando, y en la segunda se exhorta a Luis que baje. Y esto es por dar un simple ejemplo, no voy a dar clases de gramática en esta obra.

Escribir un libro, es hacer un trabajo al que dedicas tu esfuerzo. Tu trabajo, por tanto, debe estar lo más impecablemente posible, porque tu libro tendrá tu nombre en la portada, y los que lo lean te estarán leyendo a ti; tu reputación está en juego. Si escribes una obra con un uso de lenguaje mediocre, sabrán que la persona que ostenta su nombre en la portada de su libro, es un mediocre. Nadie quiere leer a un mediocre. Si consiguieron tu obra, fue porque tal vez les llamó la atención el título de tu libro, o el diseño de tu portada, o lo expuesto en la contraportada, o por el marketing que se hizo sobre dicho libro. Sería una desilusión total para tu lector, dedicar su tiempo y su dinero a un trabajo cutre, ¿verdad? ¿No se merece el lector lo mejor de ti? El lector está pagando por tu trabajo. Y si vas a publicar tu obra, pero no lo harás pulcramente, mejor no lo hagas. Sí, déjalo así; escribe sólo para ti, o consigue ayuda de un profesional sobre corrección.

Sé que suena desmotivador lo expuesto anteriormente, pero es la verdad. Uno tiene que dar lo mejor de sí. ¿Acaso regalarás a un ser querido un objeto que compraste y que tenga defectos, o que esté rasgado o roto? Cuando vas a una tienda a comprar una joya, por dar un ejemplo, eliges el objeto que más te agrada en diseño y calidad; no elegirás uno que esté con un golpe, o que presente dimorfismo en donde tenía que ser liso por lo evidente de su diseño. No comprarás una vasija rota, por ejemplo, o una cerámica mal trabajada.

Una vez compré un anillo a través de internet —y por suerte era sólo para mí y no para regalar a nadie—, el cual me agradó bastante por su diseño y su piedra. Pero cuando recibí el anillo, su piedra parecía un pedazo de vidrio transparente con burbujas dentro, y se notaba que tenía pegamento en su plana base interior, dejando antiestético el anillo si se lo miraba bien. ¿Por qué no lo devolví? Porque en esa época no sabía que podía devolverlo, y acepté mi compra como una compra impulsiva y estúpida. Perdí dinero, aunque era poco, y el anillo no lo quería usar ni para combinar mi ropa, generalmente; lo guardé como recordatorio para no volver a comprar uno de ese fabricante. ¿Lo ves? Lo mismo ocurrirá si compran tu libro, y repudiaren el bajo resultado, a lo cual te marcarán, aunque escribas más obras en el futuro.

¿Y crees que, en un hipotético caso, los lectores te perdonarán con tus futuras obras, apelando a tu creciente experiencia? Marcar a un autor como cutre, es un proceso mental espontáneo y que se queda en el subconsciente, en especial si gastaste dinero en adquirir la susodicha obra. Puede haber alguna que otra persona comprensiva, o que tal vez te aprecie, pero la tendencia de las masas es actuar en base a la primera experiencia, en especial si esto implicó sacrificio de su dinero y/o su tiempo.

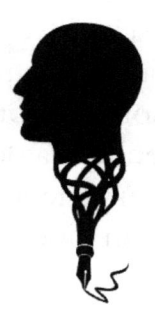

6. LECTURA TOTAL

Utiliza las herramientas de corrección de su programa de texto elegido, pero no te cases con ellas. Tómalas como el primer filtro. Debes ponerte en lugar de tus potenciales lectores, y leer tu obra como si leyeras a un extraño, y procura de hacerlo en voz alta y lento. Una buena técnica es dejar pasar un tiempo desde que terminaste tu primer filtro, y leer nuevamente tu obra. Verás cómo había errores que no viste al principio. Hay veces será necesario leer más de un par de veces tu libro, y hasta será necesario pedir a alguien de confianza que te lea, para descubrir lo que no pudiste, pese a tu propia revisión.

En mi experiencia, los errores que cometo son a causa de que ya sé lo que escribí, y al leer una oración ya la sé de memoria, la mayoría de las veces, o sólo veo un grupo de palabras y ya sé lo que quise decir. El "ya sé lo que quise decir" es uno de los factores que me hacen cometer errores, errores a simple vista imperceptibles por mí mismo. Uno de los errores más comunes que noto en mí, son el "la" volteado sin querer en "al", y cosas parecidas. El corrector de mi programa de texto no los marca como error, porque ambas palabras están correctamente escritas; pero dicho programa generalmente no puede analizar del todo el contexto de la oración para percibirlo como error, lastimosamente. Por eso, una lectura lenta y profunda de todo tu libro, luego de terminar la obra y el primer filtro de corrección, es una gran ayuda y sumamente necesaria.

Una de las cosas que hacen que uno haga una corrección a la ligera de cierto texto, es que uno se pone una fecha como meta. Al ponerse una fecha como límite de finalización, uno quiere terminar la obra para ese día o mes, y con ello comete el error de corregir mediocremente. No importa si tu obra es efímera o larga, siempre debe estar perfecta al 99%, de ser posible. Dedícale el tiempo que sea necesario, con tal de que tu libro esté bien. Tu obra es el fruto de tu esfuerzo, y por tanto debe estar lo mejor posible. Si te estás autopublicando, tu concentración no sólo debe estar en la trama, sino también en la pulcritud en que presentas dicha trama al público.

Un escritor no sólo debe preocuparse por escribir; un escritor debe al menos también escribir bien, para ser un buen escritor. Cualquiera escribe hoy en día, y no porque haya muchos escritores quiere decir que todas las obras son buenas. Algunos escriben pura basura, pero lo presentan pulcramente y a causa de eso suelen lograr muchas ventas. Otros tienen una excelente historia o un exquisito contenido, pero lo presentan de manera descuidada, conllevando esto a que casi no logren ventas.

Tu obra es un producto, y tus lectores son tus clientes. No ofrezcas un producto defectuoso a quien paga por ello. Respeta a las personas que te compran, y no sólo por su dinero, sino porque de ser defectuoso tu producto, que es para edificación o pasatiempo de la mente, ofende la inteligencia de tus clientes. Si no te respetas a ti mismo, al menos respeta a los demás. Date tiempo de leer toda tu obra, para eliminar los desperfectos que puedan haber.

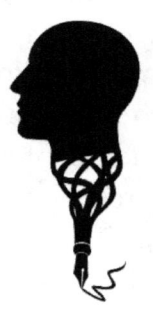

7. ESTRUCTURA INTERNA

El orden y diseño que tenga internamente tu libro, dependerá más bien del gusto personal; pero, debe tenerse en cuenta siempre las cuestiones básicas de la estructura interna. Con dicha estructura, me refiero a lo que el lector visualiza una vez que tiene la obra física en sus manos, independientemente al contenido que has desarrollado con tu intelecto. Aunque tu contenido sea bueno, la forma en que lo presentas al mundo puede definir su asimilación o no por el público. Si estás con una editorial, debes revisar si estás conforme con la manera en que presentan tu obra; y si te autopublicas, debes tener en cuenta qué es lo que verá el lector.

Márgenes y medianil

Una de las cosas en que debes fijarte, es en los márgenes. Revisa si es atractiva la lectura de tu obra, teniendo en cuenta el espaciado entre el borde exterior de la hoja y tu texto. Y al controlar los márgenes, no debes olvidarte del medianil, que es el espacio entre el medio del libro abierto y el margen de tu texto.

El medianil es importante porque, si todas tus hojas tienen el mismo espaciado lateral, cuando tengas el libro abierto, verás que hay más poco espacio entre tu texto y el centro del libro, y más espacio hacia los bordes externos. Esto ocasiona hay veces que, ciertas palabras de tu texto, se pierdan en donde las hojas van pegadas, a lo que hay que abrir bien el libro para ver esas letras ocultas. La manera más simétrica, visualmente, es que en el borde de la hoja que da hacia el centro del libro, haya más espacio que hacia el borde que queda hacia afuera. Así, teniendo las hojas impresas, pero aún no encuadernadas, notarás que las páginas pares tienen el texto más hacia la izquierda, y las impares más hacia la derecha. Para que te hagas una idea, el medianil es donde estarán pegadas las hojas de tu libro; por eso el margen del lado derecho como del lado izquierdo de la misma hoja, deben ser iguales, pese a la existencia del espacio de medianil.

Espaciado entre líneas

Otra cosa también a tener en cuenta, es el espaciado entre los renglones o líneas, y el espacio de separación entre párrafos. No olvidemos también el espaciado que presentan los títulos. Debes ser consciente que el espaciado entre líneas y párrafos, determina muchas veces la extensión de tu obra. Por ejemplo, si el espaciado entre líneas es de un punto y con ello tu obra tiene 150 páginas, puede que si le das un espaciado de 2 puntos tu cantidad de páginas aumente a casi el doble.

Pero no quieras que tu obra sea extensa solamente; más bien visualiza si es atractiva la lectura con el espaciado que le das a las líneas. El espaciado debe también estar relacionado con el tamaño de tus letras, el tipo de fuente tipográfica, el tamaño de las hojas, etc.

Viudas y huérfanas

Ten en cuenta también que, una vez realizas la lectura de un libro, es poco profesional y totalmente antiestético, ver al final de la página un solo renglón con texto, que resulta ser sólo la primera línea de un párrafo más extenso. El mismo caso antiestético se da cuando, al comienzo de la página, vemos una sola línea de texto que resulta ser el renglón final de un párrafo que era más largo. El primer caso, es llamado "huérfana", y el último caso, "viuda".

El control de viudas y huérfanas es algo que debes atender si tu editorial no lo tomó en cuenta. Si te autopublicas, debes procurar que tu programa de texto lo haga automáticamente. Pero, muchas veces, lo que el programa hace es tomar la huérfana y mandarla a la otra página, dejando un hueco o espacio vacío en donde debía haber texto. También, en el caso de las viudas, el programa suele estirar el anteúltimo renglón del párrafo, para que la viuda se convierta en un texto de dos renglones, dejando en la página anterior un hueco tal y como hace con la huérfana.

Ese hueco indeseable, se soluciona tomando el texto de toda la página, y cambiarle sólo a ella el espaciado de líneas, de modo que la página par (que queda a la izquierda de tu libro abierto), sea igual a la página impar (que queda a tu derecha); esto hará que, a simple vista, el texto de la página par comience en la misma dirección que la página impar, y que el final del texto de la página par termine en la misma dirección que la impar. Esta solución hace como casi imperceptible el hecho de que la página par, no tenga la misma cantidad de renglones que la página impar. Es un trabajo arduo, pero debe hacerse, porque por solucionar el problema de viudas y huérfanas, no debe con ello dejarse de lado los antiestéticos huecos resultantes al final de las páginas.

Y no olvides a los subtítulos dentro de los capítulos. Que éstos no queden solos al final de la página. No tiene sentido un subtítulo o un título al final de la página, cuando en realidad debe encabezar un párrafo. Al subtítulo o título debes considerarlo como parte del primer párrafo al que corresponde ese título, y no dejarlo solo, pues queda antiestético.

Tipografía

La tipografía es generalmente decisión de la editorial o del autor independiente. Generalmente, debe elegirse un tipo de letra fácil de leer, que no sea muy pequeña, pero tampoco muy grande; debe ser agradable a la vista. No debe ser una letra muy delgada, o una letra muy gruesa. Teniendo en cuenta lo anteriormente dicho, también debe relacionarse el tamaño de letra con el tamaño de la hoja. Así, pues, una hoja muy grande como la de tamaño carta o más grande incluso, no queda agradable a la vista con un tamaño de letra grande; al contrario, la letra debe ser más pequeña, tal vez alrededor de los 10 puntos, dependiendo de la tipografía elegida.

Por su parte, un libro muy pequeño, de esos que tienen el tamaño de la mano, deben tener textos tan grandes como para poder leer cómodamente pese al tamaño de la hoja. El tamaño de la letra siempre debe relacionarse con el tamaño de la hoja. La lectura debe poder ser fluida y agradable, no poseer tipografías que debemos adivinar qué letra es lo que estamos viendo, o tener que acercar el libro a nuestros ojos para poder descifrar sus letras.

La hoja

El tipo de hoja, su color, y su tamaño, es a elección de la editorial o del autor. Y dónde empieza el capítulo, si siempre en la página impar, o indistintamente en cualquier lado, depende también de la editorial o del autor, ya que ello no tiene una norma general. En mi caso, siempre me gustó que los capítulos de mis obras empiecen a la derecha, en la página impar; si con ello la página de la izquierda no posee texto, queda dicha página en blanco, aunque a mí me gusta ponerle algún dibujo pequeño para que no quede muy vacía. Pero da igual si esa página es toda blanca o si tiene algún diseño, pues tampoco resulta una norma universal el que tenga o no algo.

Con respecto al color, debe tenerse en cuenta que una hoja amarilla deja como más vetusta a la obra, en comparación de un libro que tiene hojas blancas. Pero eso ya es a elección de cada uno.

Los párrafos

En español, es bastante común ver que la primera línea de un párrafo contiene espacios. Habitualmente el primer párrafo del capítulo no lleva sangrado, pero eso depende siempre del autor. A mí, en lo personal, siempre me gustó que la sangría sea sólo de 0.5 cm.

Otra cosa que me percaté leyendo durante años, fue de espacios verticales como quebradizos dentro del párrafo. Muchos llaman a esto "ríos", y generalmente se da más notoriamente cuando uno no usa guiones de separación de sílabas al terminar el renglón. Ese guion puede aplicarse automáticamente en los programas de texto. Algunos autores no usan este recurso, porque quieren que su obra sea o parezca más extensa. Pero es más estético para el párrafo, que la palabra que no cabe toda en el final de cierta línea, pueda ser simplemente cortada por el guion automático.

Los dibujos o imágenes, de ser grandes horizontalmente, siempre traté de hacer más pequeños que los párrafos, o de la misma anchura que los párrafos. El largor o altura del dibujo, mismo caso, pues no queda estético que sobrepase al texto de la otra página de al lado.

Encabezado y pie de página

El encabezado tampoco es una exigencia, pero queda bastante profesional el que nuestra obra lo posea. Habitualmente, a la izquierda va el nombre del autor, y a la derecha el nombre de la obra. Pero uno prácticamente puede hacer lo que quiera con eso: puede poner sus números de página arriba, o el nombre del capítulo actual, etc.

El pie de página yo generalmente lo uso para poner mis números de página. La paginación siempre es importante en una obra, pero tampoco es una exigencia. Hay quien cuenta su primera página en donde empieza el capítulo uno, y hay quien empieza a contar desde la portada. Así, y teniendo en cuenta las páginas pares e impares, tu capítulo primero tal vez empiece en la página 5 o en una mucho más elevada, pero siempre impar, dependiendo de si decidiste tener: hojas blancas antes de la carátula, carátula, agradecimientos, índice, prólogo, etc., etc., etc.

Cuando trabajas en alguno de los puntos anteriormente mencionados de tu elaboración o corrección de la estructura interna, recomiendo que con su programa de ofimática visualices tus páginas viendo la regla horizontal y vertical. También, en esta parte de tu trabajo, otra cosa muy útil, es ver las hojas con cuadrícula. Sigue estas recomendaciones, y verás cómo te es más fácil realizar los pasos mencionados en este capítulo.

8. ÍNDICE O CONTENIDO

El índice puede ir tanto al principio de la obra, como hacia el final; es decisión personal. Hay quien hace manualmente su índice, y hay quien lo realiza automáticamente con su programa de texto. Yo ya hice de las dos formas, pero actualmente estoy acostumbrado al índice automático, pues me resulta más cómodo.

Antes de hacer tu índice o tabla de contenido, es necesario en sumo grado que termines todo, pero todo, incluyendo tus ajustes de márgenes, tu espaciado de líneas, y obviamente la totalidad de tu material literario. Cuando tengas todo listo, recién ahí puedes elaborar tu índice, pues si modificas algo, puede que no coincida el número de página que estás especificando en tu índice, con el capítulo al que estás haciendo referencia.

Si ya hiciste tu índice, y luego modificaste algo agregando o borrando texto, no olvides actualizar tu índice automático. Si lo hiciste manualmente, debes volver a revisar todas las páginas a las que haces referencia, anotarlas en una hoja aparte, y modificar el índice que va a imprimirse.

De hacer manualmente tu índice, no olvides ponerle el título de lo que es. Luego, de tener partes tu obra, especificar dichas partes, y dentro de las partes, tus capítulos con sus respectivas páginas. El diseño de tu índice o tabla de contenido, es una elección tuya, pero debe ser fácil de entender.

Una obra con índice o tabla de contenido, es sumamente necesario para la mayoría de los lectores. Si tu obra no posee una sección dedicada a reseñar las páginas de tus capítulos, tu obra carece de la guía necesaria que se merecen los que te leerán.

9. REVISIÓN FINAL

Una vez que ya realizaste todos los pasos especificados en los capítulos que expuse anteriormente, deberías ver, en tu programa de texto, toda tu obra en formato de impresión. De ser posible, debes tratar de ver la página par junto con la página impar, al mismo tiempo. Obviamente, en tu programa tal vez la primera página veas una sola y hacia la derecha, porque no hay página par que la preceda. De no haber ningún error en tu paginación, verás que la página par quedará siempre a tu izquierda, y la página impar, a la derecha.

Debes visualizar hoja por hoja, y fijarte en los marcos, si los títulos no quedaron antiestéticamente en la parte inferior de una página, si los espacios resultantes de la corrección de viudas y huérfanas están aún visibles, si el espaciado de las líneas no es muy grande o muy reducido, y si tus encabezados y pies de página no están como deben, etc.

También debes fijarte que no tengan números de páginas ni encabezados y pies de página, los siguientes elementos: la carátula, la página de derechos de autor que va tras la carátula, el índice, los agradecimientos, las hojas blancas resultantes de haber terminado un capítulo en la página impar, o tu apartado de "otros libros", de tenerlo. De tener números de página esos elementos que acabé de mencionar, debes eliminar dichos números con las opciones de tu programa de ofimática que estás utilizando. De no poder hacerlo con las opciones de tu programa, tendrás que recurrir al viejo truco de los parches...

Yo llamo "parches" a las imágenes rectangulares o cuadradas, sin contorno, pero rellenas de color blanco, que pueden utilizarse para tapar un encabezado, un pie de página, o un número de página. Los parches son un recurso bastante útil si tu programa no te da la opción de eliminar los encabezados y pies de página, o los números, de sólo las páginas que quieres eliminar. Los parches no son una manera profesional de solucionar esta situación, pero son como una carta bajo la manga para tapar cosas en el formato impreso de nuestro libro, que nuestro programa no nos permite modificar.

10. VERSIÓN DIGITAL

Estando con una editorial, debes asegurarte que también publiquen tu obra en formato digital. El formato digital es el formato preferido por mucha gente, gente que no gusta de los libros físicos o que por cuestiones prácticas no pueden comprarlo. Además, la versión digital normalmente es más barata que la versión impresa.

Si te estás autopublicando, debes saber que normalmente el formato digital tendrá un índice sin páginas, porque el formato digital tiende a poder modificarse su tamaño de fuente por el lector, no teniendo sentido paginación alguna. El índice del formato digital, más bien debería servir para indicar la estructura de tus capítulos, y tener la capacidad de que, al clicarlos, te lleve directamente al capítulo que se quiere leer. Para lograrlo, a tus nombres de capítulos ubicados en tu índice, tendrás que hipervincularlos o enlazarlos al capítulo real de tu libro.

Debes cerciorarte de si tu programa de texto te permite hipervincular texto a cierta sección de tu obra. Si tu aplicación no puede hacerlo, procúrate una con la que puedas trabajar más profesionalmente, o en todo caso, una que mejor entiendas. Pero, ¿acaso el escritor no debe sólo enfocarse en escribir, sin importar los consiguientes procesos de edición? Bien, debemos dejar algo en claro. Actualmente estamos en la era digital, y dedicarte netamente a escribir a mano es como estar estancado en una época anterior. Nadie te dice que no tienes por qué hacerlo de esa manera, pero como escritor en la era digital, y con todo el conocimiento que ya hay, deberías poder editar tu propio texto, y hacerlo bien.

En lo personal, veo estos 5 tipos de escritores:

1. **El falso escritor**: que es el escritor que no tiene la capacidad de creatividad, y recurre a las ideas de otros, o paga para que le creen una trama en la que él luego pone su personalidad, para luego atribuirse él solo toda la obra.

2. **El escritor mental**: es el escritor que en realidad no escribe sus propios textos, tal vez por falta de conocimiento de ortografía y gramática, a lo que recurre a dictar su obra a otro que le escriba, no arriesgándose él a escribir.

3. **El escritor clásico**: es el escritor que escribe a mano, pero necesita que otro le digitalice su obra, y que posteriormente le corrijan, editen y publiquen.

4. **El escritor esforzado**: es el escritor que escribe a mano o digitalmente, y por su cuenta trata de corregir y editar su propia obra, para luego hacer corregir profesionalmente su obra y recurrir en última instancia a editoriales.

5. **El escritor autosuficiente**: es el escritor que puede escribir a mano o digitalmente, pero él mismo pone todo el esfuerzo de corregir, editar, y publicar.

El escritor tipo 1 en verdad existe, hasta hoy, jactándose del trabajo ajeno como suyo propio. Compró textos ajenos, pagó por la creatividad de otros, o robó a verdaderos escritores. Es el peor tipo de escritor. El escritor de tipo 2 es más bien un relator o autor intelectual, una persona que cuenta sus memorias; el tipo 2 no puede ser considerado un escritor, ya que no tiene la capacidad o voluntad de plasmar él mismo sus ideas y palabras.

Los verdaderos escritores, empiezan a serlo a partir del tipo 3. Mas, debe entenderse que el tipo 5 no necesariamente debe ser considerado el mejor de los 5 tipos, ya que, al ser autosuficiente, está bajo el riesgo de no ver sus propios errores, o tiende a estar más limitado de recursos editoriales y de marketing. Pero es considerado en el tipo 5, porque por su esfuerzo, y si se dedica lo máximo en ello, puede lograr lo mismo que un escritor tipo 4, o hasta superarlo si de verdad se propone.

El escritor tipo 4 es el que presenta un resultado final más pulcro, pero no fue todo gracias a su capacidad inherente, sino porque accedió a mecanismos que ya van fuera de él. Por eso está en el tipo 4, y no en el 5.

Y seas del tipo 4 o 5, debes recordar que tu archivo digital que preparas para la impresión física, deberá ser distinto al archivo que preparas para la versión digital. No cometas el error de pensar que el archivo debe ser el mismo para ambas presentaciones de tu obra. El archivo digital preparado para la versión digital, no debe tener parches, ni encabezado y pie de página, ni paginación, ni numeración de páginas en el índice, ni hay la necesidad que tenga espacio de medianil, ni tiene que poseer las hojas blancas de las páginas pares cuyos capítulos terminaron en la página impar.

No olvides, por sobre todo, que si modificas el texto de tu versión digital, también debes modificar el texto de tu versión física, y viceversa. Cuando escribes a la vez en ambos formatos, físico y digital, debes ser consciente de que los dos son uno solo en contenido.

11. SOBRE LA PORTADA

Podría decirse que, la portada, es la parte más importante de tu libro, luego de tu contenido. La portada es lo que atraerá o no a tus posibles lectores. La portada puede arruinar tus ventas, o puede acrecentarla. Debes ser cuidadoso con el diseño de ella, ya que es el rostro de tu libro. Lo primero que vemos en una persona, es su rostro, sin conocer aún qué tiene en su mente; lo mismo con un libro, ya que lo primero que notamos, es la portada.

Si no eres bueno en diseñar, si no eres bueno en mostrar una imagen atractiva y original para la venta, mejor no te arriesgues a crearla tú mismo. Si no tienes esas capacidades recientemente mencionadas, mejor es que pagues para que te la diseñen de manera profesional, o pedir ayuda a alguien de tu confianza que pueda hacerlo bien.

Un libro cuya portada sólo tiene un color o una textura simple, y simplemente lleva escrita el título del libro y el autor, no llamará tanto la atención como un libro cuyo diseño resulte atractivo y a la par esté relacionado con el contenido. No todas las portadas con imágenes relacionadas al contenido tienen éxito; hay veces sólo una imagen aproximada al contenido es suficiente si es de buena calidad, y si llama la atención de los potenciales lectores.

Trata que las letras del título sean grandes y legibles a simple vista, porque unos títulos con letras pequeñas no llaman la atención de los potenciales compradores, en comparación de los que se notan más nítidamente. El diseño de la portada debe ser atractivo, debe inducir a querer leer el libro, debe a la vez dar a entender de qué más o menos trata la obra.

Que no se te cruce siquiera por la cabeza la posibilidad de poner una imagen que para ti es bonita, pero que no va relacionada al libro. No se te ocurra poner un paisaje con flores, por dar un ejemplo, cuando tu libro trata del futuro y de máquinas, o de guerra, o de tus pensamientos. No pongas el dibujo o pintura de un ser querido tuyo, por honrarlo, cuando tu obra trata de un tema que nada tiene que ver con ese dibujo o pintura. A menos que seas tú mismo un diseñador profesional, no te arriesgues a hacer algo que nada tiene que ver con tu obra, y que no llame la atención y por ende la curiosidad de tu público objetivo.

No cometas el error de poner tu rostro en la portada, a menos que la obra trate sobre tu vida, o sobre tu modo de pensar, en cuyo caso sería justificado. Pero no pongas tu rostro en la portada, si tu obra es de ficción, o si es de poesía, o de una investigación científica. Deja la egolatría de lado, y piensa siempre de manera práctica.

Si decides utilizar al fin una imagen que te parece que tendrá éxito —y que no sea tu rostro—, debes asegurarte de que sea original, de creación propia, o que no tenga derechos de autor. No busques directamente en Google una imagen de tu agrado y la utilices directamente para tu portada, porque en el futuro podrías recibir demandas por utilizar una imagen que tal vez esté protegida. Si buscarás en internet, busca específicamente imágenes libres de derecho de autor, con las que no tengas problemas en el futuro.

Sé precavido ya desde el principio, y por sobre todo, procura lo máximo posible en ser original en todo. Y, a modo de recordatorio, deja el diseño de portada para cuando termines el contenido de tu obra, y no al revés. Hay a quien le resulta, pero lo más práctico es dejarlo para después del contenido.

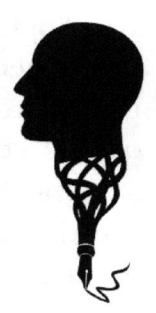

12. LA INFALTABLE AUTORÍA

No olvides que tu obra debe estar protegida por derecho de autor. Quienes puedan plagiarte, habrá muchos. Tampoco debes estar absolutamente seguro que verán en tu obra un gran potencial, y sí o sí te robarán. Pero no por ello, no tomarás las precauciones necesarias para algo que entra en el marco de lo probable.

Una vez que culminaste los pasos anteriores, debes imprimir tu obra, mandarla encuadernar y llevarla a la oficina de **derecho de autor** o de **propiedad intelectual** de tu país, para registrarla. Para publicar un libro, no es obligatorio hacer este procedimiento, pero es un papeleo que te hará sentir más tranquilo para cuando publiques tu libro.

Puede también que ya hayas publicado tu obra, pero recuerda no tardar mucho en registrarla. Es un protocolo, pero es tranquilizador en gran manera tener ese respaldo en caso de posibles plagios futuros.

Quien no recurre a este procedimiento, suele valerse de otras formas de demostrar que es el autor de su obra. Hay quien imprime su texto, y lo envía por correo a sí mismo, para que quede un registro de que esa obra ya existía antes que el hipotético plagiador la reclame. Yo nunca hice esto.

Hay quien toma sus archivos de texto que está elaborando, y se los envía por correo electrónico a modo de copia de seguridad. En el futuro, en un juicio, puedes valerte de estos correos como una prueba irrefutable de que la obra en cuestión ya estaba siendo manejada y editada por ti, mucho antes del periodo que el posible plagiador la haya reclamado. La copia de seguridad en tu correo electrónico es una prueba muy válida, realmente.

Pero, la posibilidad de ser plagiado no es una constante. Es, me atrevo a decir, una cuestión de mala suerte. Hay tantos escritores noveles en el mundo, como para que justamente te toque a ti ser plagiado. Mas, no por ello, pasarás por alto las precauciones. Debes ser consciente de esta posibilidad, y tomar medidas al respecto, para tu mayor tranquilidad.

Una de las cosas que hacen que uno sea plagiado, es que uno sea descuidado. Por ejemplo — y no digo que siempre sea así—, si ves que un autor no está produciendo material nuevo hace un buen tiempo, o es una persona que siempre quiso escribir un libro, y decides pasarle tu material inédito para que lo revise o te corrija, corres el riego de la tentación de que te plagie o te robe la obra, registrándola él mismo a su nombre. Sólo por precaución, no confíes nunca en nadie que tenga la capacidad de hacerte el mal.

No olvides poner contraseña a la máquina donde estén tus creaciones, y en los dispositivos donde tengas tus copias de seguridad. Si convives con una persona que estás absolutamente convencido de que no te robará la idea o tus textos, o no saboteará tus creaciones, tampoco seas demasiado paranoico. Sin embargo, debes ser consciente de que existe también la posibilidad del error humano: puede que la persona a quien le confías el acceso a tu máquina, cometa la tontedad de tocar mal algo y borrar sin querer tu contenido creado, o parte de él. Teniendo, pues, en cuenta esto último, de todas formas, es meritorio tomar cualquier precaución. Nunca está demás ser precavido.

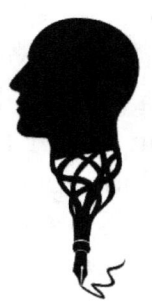

13. EL PASO DE LA PUBLICACIÓN

Tarde o temprano, tendrás que publicar tu obra. Si la publicas por tu propia cuenta, debes saber que te saldrá muy caro conseguir los materiales y la maquinaria para la publicación, pero ganarás más dineros de las ventas. Si pagas a una editorial para que publique tu libro, el porcentaje de ganancia será menor que si la publicas por tu cuenta, pero gastarás mucho menos que hacerte con los medios de publicar tú mismo. Si no pagas a la editorial, y supongamos tienes la suerte de que te edite, el porcentaje de ganancia que recibirás por las ventas será incluso mucho menor que en el último caso, porque será la editorial la que correrá con todos los gastos, incluyendo el marketing.

Y está también la opción que muchos consideran "la opción del pobre", en donde tú puedes autopublicarte con una plataforma en internet que te lo permita. Habitualmente el porcentaje de ganancia de las ventas será mucho más elevado que con una editorial, pero seguirá siendo ínfimo en comparación de si la publicas tú mismo, de ser pudiente, claro está.

Con la publicación por tu cuenta debes tener en consideración todos los puntos explicados en los capítulos anteriores, y tú deberás hacer o pagar el marketing. De publicar pagando a una editorial, dependiendo del trato que hiciste y de la cantidad de ejemplares que puedes pagar, tal vez la editorial se encargue de vender y promocionar la obra, o quizá simplemente te entregue los ejemplares por los que pagaste y a la postre serás tú el encargado de venderlas y promocionarlas. Mas si cierras un trato con la editorial, sin que tú le pagues, es probable que la editorial se encargue de todo, y tú sólo goces de las regalías que te corresponderán; y, dependiendo de la editorial, puede que hasta te dé un adelanto por las regalías que corresponden a los ejemplares a ser impresos.

El sistema "pobre", como algunos dicen, es un método bastante más económico, en especial para los autores noveles a quienes nadie les apoya, justamente por ser desconocidos. Lo que pasa, es que nadie que sea pudiente, quiere arriesgarse a invertir en un autor que quizá no llame la atención con sus obras; pero al hacer esta omisión, también muchos autores que serían muy exitosos nunca son conocidos, sólo por el hecho de que ellos mismos no poseen los medios para ello.

La autopublicación es una salida tan accesible, que tanto autores buenos como mediocres publican en la misma plataforma, y es difícil identificarlos, a menos que los leas. Pero con la autopublicación tú debes hacer todo, o pagar para ello (a excepción de la elaboración del contenido del libro). Debes ser cuidadoso si te autopublicarás, y procurar ser lo más prolijo posible.

Mas, sea como fuere la manera que has elegido publicar, sí o sí deberás publicar, o hacer que te publiquen pagando.

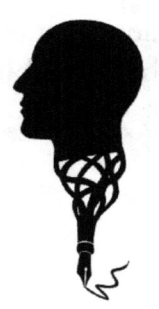

14. IMPORTANCIA DEL MARKETING

La cosa del escritor no concluye en la publicación. La publicación no debe ser el fin del escritor, ya que, realmente, es recién un paso para poder llegar a los potenciales lectores. El siguiente paso, es el marketing, con lo cual se conocerá tu obra, y recién allí lograrás las ventas que te propones. Pero debes ser consciente que el marketing no es sólo publicidad.

De no contar con un organismo que te haga el marketing, deberás irremediablemente hacerlo tú mismo. Debes analizar las tendencias en tu nicho, en tu área, y ver qué aportes puedes dar. No puedes pretender que tu obra sea única en el género, pero al menos debe ser lo más original posible, o dar lo que otras obras similares no están dando. Sólo así tendrás el éxito asegurado.

Luego, una vez que ya tienes enfocado a tus "consumidores", y ya tienes el material literario adecuado para el mismo, entonces deberás proceder a la herramienta de la publicidad. La publicidad se realiza en los medios, en las redes sociales, en tu sitio web, por correo, de boca en boca, etc. La publicidad debe estar lo más llamativamente posible, de manera ética y a la vez estratégica.

Debes saber que el precio de tu obra, es también una forma de publicidad, porque si analizas los precios de libros similares, puedes mejorar dichos precios. Esa mejora de precio no debe tampoco ser exagerada, sino similar, aunque inferior a la tendencia. Por el contrario, hay quien piensa que un libro debe venderse muy caro, para que se lo vea como algo de valor, ya que, si lo ofrecen barato, resultaría común. No sé, pero en lo personal he visto libros que cuestan incluso más que cinco libros juntos del mismo género. ¿Y creen que los compré? No lo hice. Aunque me llamara la atención cierto libro, si su precio no era digno de ser comprado, simplemente no lo compraba, y no porque no tenía el dinero para comprarlo, sino porque, por simple sentido común, por ese precio podía comprar más libros similares, o incluso más extensos que ése.

Puede que tengas una muy buena obra, pero si no utilizas eficientemente las herramientas del marketing, no lograrás los resultados que deseas con tus ventas. Además, debes considerar que, por ejemplo, una obra impresa a color, será mucho más cara que una impresa sólo en negro. Pero hay gente que aun en impresión netamente negra, lo venden caro, como si se tratase del único libro de su especie. Es un error, desde mi punto de vista.

Para ti, como autor, puede que tu obra sea la más importante, quizá la más importante del mundo, pero el comprador común no lo ve así. El comprador comparará precios antes de gastar su dinero. Es mentira eso de que se puede programar al cliente, y convencerlo al ciento por ciento de que vale la pena pagar tanto por tu producto. Eso no existe. El cliente siempre verá diferentes opciones, y se llevará lo que más le convenga, siempre.

La portada, como expliqué en el capítulo 11, es lo que atraerá o no a tus posibles lectores. Es lo primero que se verá de tu trabajo. Si no llamas la atención en esa "primera impresión", perdiste. Bien, supongamos que tu portada fuese atractiva, y supongamos que es un libro físico… El potencial lector tomará tu obra, tal vez encantado por la portada, y la volteará, para ver la contraportada e informarse más o menos de qué trata el libro. Todo lo que pongas en la contraportada, puede arruinar la impresión que causaste con la portada, o valorizarla aún más. No debes spoilearte tampoco en la contraportada, pero debes dar a entender más o menos de qué trata el libro, y dejar la curiosidad, las ganas saber el contenido del libro. Así que, allí está otro paso a tener en cuenta.

La descripción de tu libro, que la pones, tal vez, en una plataforma de autopublicación, no debe tener lo mismo que tu contraportada. Debe ser similar a la contraportada, y producir el mismo efecto que lograste con la contraportada, siempre sin spoilearte.

Entonces, teniendo una portada estratégica, una buena contraportada, y una atrapante descripción, también estás aportando para bien con tu plan de marketing.

15. AUTORES ESCONDIDOS EN PERSONAJES

Esto de lo que hablaré ahora, no tiene que ver con el proceso de escribir, pero sí he notado en libros que he leído. Me percaté de que, en algunas obras, el autor se oculta en su historia, poniéndose detrás de un personaje secundario algunas veces, otras en el primario, y hay veces hasta poniéndose dentro de personajes, como si cambiara de máscaras. Yo mismo me he puesto en uno de mis personajes de ficción, pero lo hice intencionadamente, dándole a dicho personaje incluso mi apariencia y personalidad. Y, en el caso de los autores que he leído, ¿hicieron eso de forma inconsciente, o lo hicieron adrede? Es un misterio que sólo sabrán quienes conocieron a esos autores, o tal vez sólo los autores mismos.

A continuación, presentaré sólo unos casos, para no explayarme tanto en ello, ni para demostrar todos los libros sobre historias ficticias que he leído. No obstante, de antemano ya puedo percatarme que tendré detractores sobre este tema, porque, como soy humano, puedo equivocarme, como también puedo tener razón y a los fans de dichos autores les resulte chocante lo que diré. Pero el objetivo de esto no es crear polémica, sino que debe tomarse más bien como una especie de teoría mía, o como algo divertido, o como algo que dé para pensar en su posibilidad...

El caso de Conan Doyle

Pues bien, ¿quién no conoce a Sherlock Holmes? El personaje que revela a un brillante detective, genio en lo que hace. Pero, ¿dónde se esconde el autor en este caso? No es el personaje principal, claro que no, no estoy insinuando eso. Me encanta la manera en que el autor describe a Moriarty, el matemático y profesor que resulta la genial contraparte del personaje principal. Pero tampoco está el autor detrás del antagonista. ¿Dónde, pues, está?

Una vez leí uno de los relatos sobre este detective, y el que relataba dicha historia era el compañero de Sherlock, el querido Watson. ¿Se escondía el autor en el relator ficticio? En ese relato que leí, Sherlock andaba detrás de un doctor, al que consideraba con una mente extremadamente superior, comparada con Moriarty. Es decir, se veía a ese doctor como algo más superior a lo normal.

Pues bien, el señor Watson, era médico, y veía a los médicos, y en más de una ocasión, como gente muy culta e intelectualmente capaz, tal vez porque el mismo Watson era médico. El médico Watson relataba las andanzas de Sherlock, y las anotaba. Bien, ahora, adivinen quién era médico y escritor en la realidad… Nada más y nada menos que: Sir Arthur Conan Doyle. El autor, irrefutablemente, se escudaba detrás del personaje Jhon H. Watson.

El caso de Tolkien

Espero que los tolkianos no se enfaden conmigo, pero no pude evitar leer "El Hobbit", y no darme cuenta que al autor se escondía detrás del personaje de Bilbo Bolsón, de Bolsón Cerrado. No se escondió en un personaje secundario, sólo léanlo para corroborarlo. El escritor de las aventuras de Bilbo, es el mismo Bilbo.

Cuando leí "El Señor de los Anillos", también vi a Tolkien tras Bilbo, pero cuando Bilbo hizo su viaje a Rivendel, era como que una parte de Tolkien se disoció, y la apagó o minimizó, para empezar la nueva aventura con la otra parte. Esta segunda parte, producto de la disociación que me pareció notar, era sin lugar a dudas, Frodo Bolsón.

Al finalizar la historia, Frodo entrega a Sam el libro donde plasmó sus aventuras, y dejó un pequeño espacio para que Sam lo completara. Pero, en Sam yo no veo a Tolkien. Desde mi punto de vista, J. R. R. Tolkien es Bilbo, y luego Frodo. ¿Porqué no vi a Tolkien oculto en Gandalf, o en Elrond? Me pareció que, la personalidad de Bilbo y Frodo, muestra el subconsciente del autor, cometiendo el error de autodelatarse.

El caso de Martin

¡Ups! Con esta sección puedo prever otra ola de detractores, pero no hay problema. Cuando leo "Canción de Hielo y Fuego", de George R. R. Martin, no puedo evitar verlo camuflado en Bran, que es el que ve todo lo que pasa, en todos los tiempos.

Martin, podríamos decir, es un hombre muy inspirado en Tolkien, la historia británica, y la cruda realidad. Y no podemos omitir que, típico de muchos norteamericanos, está encantado con el tema de los zombis.

Me encantó su obra, en especial ésa que he mencionado.

El caso de Paolini

Cuando leí Eragon, y las consiguientes obras de su saga, era más que evidente que Christopher Paolini, era el mismísimo Eragon. Al leer a este autor, noté un joven muy inspirado también en Tolkien, y obviamente quería vivir aventuras similares a las descritas sobre la Tierra Media. También trató de crear un lenguaje por su cuenta, tal como hizo Tolkien, pero puede notarse la gran diferencia.

El autor amaba la magia, le era maravilloso la posibilidad de tener nada más y nada menos que un dragón que le dé la posibilidad de utilizar la magia. Paolini era un soñador, un joven que utilizó su imaginación para crear tan extraordinariamente la historia de Alagaësia.

Autores que son ellos mismos

Hay casos en que los autores, son los protagonistas mismos de su obra. Un caso de ello es Dante Alighieri, en "La Divina Comedia". Y no olvidemos los autores de no-ficción, que, todo lo que exponen, lo exponen como ellos mismos y no como un tercero.

Hay muchos más casos, pero me parece que ya di a entender sobre el disfraz que usan los autores para meterse ellos mismos en sus propias obras. Es como si fuesen directores de cine, creasen una película, y ellos mismos fuesen el actor primario o secundario de su propia película. Ejemplos de ello, serían Mel Gibson y la película Braveheart, o Quentin Tarantino y la película Pulp Fiction, por nombrar algunos.

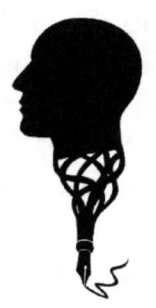

16. EL VERDADERO DON ARTÍSTICO

Hay artistas, hay aficionados al arte, hay personas no artistas, y personas que ni siquiera son aficionadas y que quieren ser artistas. A mí en lo personal me gusta compararlas con vidrios y diamantes. Hay toscos vidrios naturales, y hay vidrios que fueron fundidos a los que se les da forma para que parezcan diamantes; así como hay diamantes en bruto que ya tienen más valor que el vidrio, y diamantes pulidos que tienen más valor aun que los diamantes en bruto.

Para mí, una persona que no es artista y ni siquiera aficionada al arte, es como el vidrio en bruto. Por su lado, una persona aficionada al arte, que se siente capaz de hacer algún arte, aunque de manera imperfecta, es como el diamante en bruto. Y está esa persona no artista, que quiere serlo, y estudia un arte; generalmente quiere superar al verdadero artista, y ve como poca cosa a los aficionados. También, pues, está ese aficionado al arte que, ya teniendo el don, estudia el arte que se adapta a su afición, y se perfecciona, y es un verdadero artista, tal como el diamante en bruto que ha sido pulido. El arte generalmente es hermoso, atractivo para muchas clases de personas. Pero existen quienes no gustan del arte, porque no tienen ese sentido sensible sobre la belleza, ya que su mente está más enfocada a lo práctico, cosa que también está bien. Pero están esos que gustan de la belleza del arte, y, sin embargo, ven muy lejana la posibilidad de llegar a producir algo artístico; se ven ridículos como artistas, y consideran que el artista nace con el don, y que nunca podrán alcanzarlo. Ni siquiera intentan parecerle al artista, y se alejan de eso, pese a que son afectados por la preciosura o sutileza del arte. Este tipo de personas, son como el vidrio en bruto, que ya se sienten inferiores sin siquiera hacer el intento; y por propia decisión se quedan allí, en el mismo estado hasta el fin de sus días.

Está esa persona que, ama tanto la belleza del arte, que intenta hacer algo por su propia cuenta, algo hermoso. No es perfecto lo que hace, pero le gusta, y les gusta también a otros. No falta el que le diga: "tu obra es genial, pero debes pulir un poco para que sea más profesional". Esa obra puede ser de cualquier tipo, quizá una música, una pintura, una escultura, un escrito, una danza, o hasta un vídeo; el hecho es que este tipo de persona, puede crear, tiene la inspiración de crear sin que se le enseñe. Generalmente, con el tiempo, se hace autodidacta, o intenta aprender nuevas técnicas de quienes ya saben, para tratar de pulirse él solo; pero nunca puede alcanzar en perfección a los verdaderos artistas. Este tipo de persona, que puede crear, aunque imperfectamente, es como el diamante en bruto; y si con el tiempo se pule lo suficiente, o se le ayuda a pulirse, puede llegar muy lejos con sus obras.

Por su parte, no faltan esas personas no artistas que envidian a los que tienen la capacidad de crear. Quieren ser como ellos, y al percatarse de una pequeña imperfección en sus obras, los critican negativamente, y quieren superarles. No siendo artistas, ¿qué hacen para superar a la persona que envidian? Estudian un arte, dan todo de sí para aprender todo lo que pueden, se hacen de un título que corrobore que estudiaron dicho arte; o bien, si les es imposible aprender por sí mismos, hacen que un allegado, generalmente un hijo o hija, estudie con un profesional sobre dicho arte. Y luego viene el toque final: crean la situación en donde puedan competir con quien envidia, para superarlo con todas las técnicas que han adquirido estudiando; o hacen que su hijo o hija le confronte, para sentirse superior al que envidian, y ensalzarse o ensalzar a su allegado, para tratar de hacer sentir menos al aficionado.

No obstante, su arte o el de su allegado, ¿es verdadero arte? Generalmente son plagios, o son obras exageradamente inspiradas en obras de verdaderos artistas; la creación en realidad no fue de cero, sino en base a un modelo ya creado por alguien con la capacidad de crear. Entonces, pues, este tipo de personas, son como el vidrio al que le dieron forma de diamante. A simple vista es como el diamante, y hasta más grande si quiere, pero no tiene el valor de un verdadero diamante, y en el fondo la persona se frustra por su incapacidad de crear algo de cero, que nazca en su propio interior... Y si, pese a su intento, por sí mismos no pueden superar a quienes envidian, son los tipos de personas que, al estar con ellos, dicen: "Yo tengo un amigo que hace eso mejor que tú; mi pariente puede hacer eso que tú haces, y mucho más; según mi punto de vista, te falta mucho para ser un verdadero artista; te falta practicar mucho más para que realmente esté bien lo que haces, pero para tu nivel ya está bien; ¿por qué mejor no haces otro tipo de cosas?, porque no eres bueno en eso".

El verdadero artista, siempre empieza de lo bruto, de lo tosco; pero por poder hacer una creación genuina, esta persona es un diamante de todas formas. Este tipo de personas siempre deben procurar pulirse, y si está en sus posibilidades económicas, debe estudiar para perfeccionarse. Nunca debe rendirse ni decaer con los comentarios de gente que nunca podrá ser como ellos. Un vidrio, aunque formado de la manera más espectacular, nunca podrá cortar un diamante para pulirlo o arruinarlo; pero un diamante, aunque tosco, puede cortar cualquier vidrio. Sólo un diamante puede cortar a otro diamante; es decir, sólo un verdadero artista puede llegar a superar a un verdadero artista. Sólo un verdadero artista, puede influir positiva o negativamente en otro artista.

Una cosa es poder interpretar o copiar perfectamente la obra de un artista, y tal vez pueda hacerlo tan bien justamente por su estudio; pero, otra cosa muy distinta, es poder crear una obra que otros en el futuro habrán de imitar y admirar… Nunca hay que querer medirse con nadie, ni querer apocar a alguno; simplemente uno debe ser uno mismo, y su esfuerzo debe estar enfocado más bien en superarse uno mismo cada vez más, siendo una mejor versión de sí cada día que pasa.

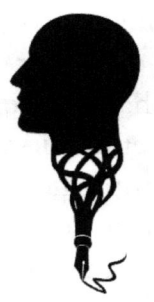

17. LISTA PARA TENER EN CUENTA

Como dije en un principio, yo había creado una lista, y la revisaba siempre que escribía un libro. Las lecturas necesarias, tal como describí en el capítulo 2, uno debe hacerlas al menos un momento al día, todos los días. Como mencioné, uno debe leer más de lo que escribe.

La lista, pues, es la siguiente:

1. **Planeación**   (ver cap. 3)
2. **Creación**   (ver cap. 4)
3. **Corrección**   (ver cap. 5)
4. **Lectura total**   (ver cap. 6)
5. **Estructura interna** (ver cap. 7)
6. **Índice**   (ver cap. 8)
7. **Revisión final**   (ver cap. 9)
8. **Versión digital**   (ver cap. 10)
9. **Portada**   (ver cap. 11)
10. **Autoría**   (ver cap. 12)
11. **Publicación**   (ver cap. 13)
12. **Marketing**   (ver cap. 14)

Todo lo que puse entre paréntesis aquí, es para que puedas saber en dónde he hablado de ese punto. Pero realmente, tu lista debe consistir en todo lo que dejé en negrita, que son los 12 puntos a tener en cuenta en ese orden, si escribes tu propio libro. Es lo que yo mismo hago con cada obra que escribo.

Y ahora, si aún no lo has hecho, ¿te gustaría escribir tu propio libro? Prueba mis doce pasos, y ve tildando cuando los vayas concluyendo. Te deseo éxito en tu camino literario, y desde ya, te doy la bienvenida al maravilloso mundo de la escritura.

Acompáñame en el sendero de las letras…

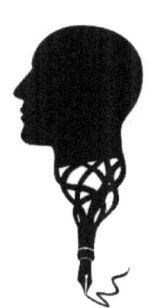

OTRAS OBRAS

FICCIÓN:

◊ MOÉM-I, Detrás de lo Oculto
◊ SHARÚSH, El saurio de los astros
◊ DURÁKA, El sueño de Émughox
◊ MOEMISMO, Iniciación en el Sendero Gris
◊ OSCURISMO, El camino izquierdo
◊ MOÉM-II, El reino de prueba

NO-FICCIÓN:

◊ ENDOMORFO, Cómo perdí 20 kilos en un año
◊ RESOLVIENDO EL CUBO RUBIK

Para saber más, visita:
www.alexsama.com